Für

Von

No. 15
Schöner lesen!

MIX
Papier aus verantwortungsvollen Quellen
FSC® C144853
FSC
www.fsc.org

ISBN 978-3-649-63952-7

Hafenweg 30, 48155 Münster, Germany
Covermotiv: shutterstock.com/Bloomicon
Grafische Gestaltung: Daniela Lengers, Laer
Redaktion: Nina Sträter und Kai König

www.coppenrath.de

WILLKOMMEN IM BESTEN ALTER

Die schönste Zeit ist jetzt

COPPENRATH

Seelenruhe,
Heiterkeit und Zufriedenheit
sind die Grundlagen allen Glücks,
aller Gesundheit
und des langen Lebens.

CHRISTOPH WILHELM VON HUFELAND

Gestalte dir das Leben angenehm,
indem du alle Sorgen darum aufgibst.

LUCIUS ANNAEUS SENECA

*Ein fröhliches Herz
lebt am längsten.*

WILLIAM SHAKESPEARE

Einen Tag lang
ungestört in Muße zu verleben heißt,
einen Tag lang unsterblich sein.

AUS CHINA

Ein großer Mensch ist der,
der sein Kinderherz nicht verloren hat.

MONG DSI

Man ist nur einmal *jung.*
Aber wie lange
dieses eine Mal dauert,
das ist die Frage.

AUS DEN USA

Wie jung man noch ist,
merkt man an dem Grad des Vergnügens,
das einem die Begegnung
mit neuen Ideen bereitet.

INGRID KÖNIG

JE LÄNGER
DER MENSCH
EIN KIND BLEIBT,
DESTO ÄLTER
WIRD ER.

NOVALIS

Das Alter,
das man haben möchte,
verdirbt das Alter,
das man hat.

PAUL HEYSE

DIE WILDE HUMMEL

Eine wilde Hummel wurde jeden Tag älter, und das gefiel ihr nicht.
Sie wollte jeden Tag jünger werden.
Als nun der Zauberer Zappro des Weges kam, bat die wilde Hummel diesen mächtigen Mann um ein Verjüngungskraut.
Zappro schmunzelte und gab das, was die Hummel von ihm verlangte.
Das dumme Tier fraß von dem Kraut und wurde nun täglich jünger – aber auch kleiner – schließlich so klein wie die Kleinsten – und dann – allmählich – zum Ei.
„Ei! Ei!", schrie da die Wilde. „Bin ich jetzt eigentlich besser dran?"
Zappro lachte und ging weiter. „Man soll eben", murmelte er vergnügt, „nicht zu toll nach der Jugend sein. Die gibt uns das ewige Leben ganz bestimmt nicht."

PAUL SCHEERBART

Als ich fünfzehn war,
war mein ganzer Wille
aufs Lernen ausgerichtet.
Mit dreißig Jahren
stand ich fest.
Mit vierzig hatte ich
keine Zweifel mehr.
Mit fünfzig kannte ich
den Willen des Himmels.
Als ich sechzig war,
hatte ich ein feines Gehör,
um das Gute und das Böse,
das Wahre und das Falsche
herauszuhören.
Mit siebzig konnte ich
den Wünschen meines Herzens folgen,
ohne das Maß zu überschreiten.

KONFUZIUS

Wenn man zwanzig ist,
hat man das Welträtsel gelöst;
mit dreißig fängt man an,
darüber nachzudenken,
und mit vierzig
findet man es unlösbar.

AUGUST STRINDBERG

Als ich vierzehn war,
war mein Vater so unwissend.
Ich konnte den alten Mann
kaum in meiner Nähe ertragen.
Aber mit einundzwanzig war ich verblüfft,
wie viel er in sieben Jahren
dazugelernt hatte.

MARK TWAIN

UNBEKÜMMERT

Viel zu lang um allerlei
hab ich mich bekümmert,
was mich nun lässt sorgenfrei,
ob es hält, ob trümmert.

Leicht aus der Zertrümmerung
baut ein Haus sich wieder,
aber die Verkümmerung
drückt dich trostlos nieder.

Sei die Zeit wie mürbes Glas
von der Zeit zerrieben;
mag die Welt wie dürres Gras
in den Wind zerstieben.

Weil noch hält dein Stengelglas;
lass es dir kredenzen!
Weil noch Blumen blühn im Gras,
pflücke sie zu Kränzen!

Frage nicht, was das Geschick
morgen will beschließen;
unser ist der Augenblick,
lass uns den genießen!

FRIEDRICH RÜCKERT

ES GIBT NUR EINE ZEIT,

IN DER ES WESENTLICH IST,

AUFZUWACHEN –

DIESE ZEIT IST JETZT.

SIDDHARTHA GAUTAMA BUDDHA

Denke immer daran,
dass es nur eine wichtige Zeit gibt:
Heute. Hier. Jetzt.

LEO N. TOLSTOI

Es gibt nur ein Mittel, sich
wohlzufühlen:
Man muss lernen,
mit dem Gegebenen zufrieden zu sein,
und nicht immer das verlangen,
was gerade fehlt.

THEODOR FONTANE

Schau zurück!
Und lerne, das Leben in Momente zu teilen,
nicht in Jahre.

WILFRED OWEN

NUR EIN AUGENBLICK

Ein Weiser wurde gefragt, wie es gelingen könnte, den Augenblick voll auszukosten, um etwas davon festhalten zu können. Schließlich sei der Augenblick zu wertvoll und unwiederbringlich, als dass man ihn einfach so entschwinden lassen könne.

„Was denkst du", fragte der Weise den Fragesteller, „wenn du versuchst, den Augenblick festzuhalten?"

„Ich denke: ‚Jetzt!'", antwortete dieser.

„Und dann?", fragte der Weise.

„In dem Moment, in dem ich: ‚Jetzt!' denke, ist er auch schon vorbei und ich habe nichts mehr davon. Festhalten kann ich nichts."

„Du hast recht", erwiderte der Weise. „In dem Moment, in dem du: ‚Jetzt!' denkst, ist das Jetzt schon vorüber. ‚Jetzt!' sagen nützt gar nichts."

„Aber was soll ich tun?", fragte der andere. „Ganz gleich, was ich denke, es ist sofort verflogen."

„Du täuschst dich", sagte der Weise. „Ich will dir ein Geheimnis anvertrauen. Versuch es einmal ganz anders: Atme tief ein und tief aus. Höre auf den Schlag deines Herzens. Schau, was ‚Jetzt!' gerade ist, und dann sag ganz einfach und ruhig: ‚Ja'. In diesem ‚Ja' kostest du den gegenwärtigen Augenblick voll aus. Viele vergangene Augenblicke und viele Augenblicke, die noch kommen werden. Das ‚Ja' verfliegt nicht wie das flüchtige ‚Jetzt!'. Es bleibt bei dir. Das ‚Ja' ist stärker als die Zeit. Es hat Teil an dem, was nicht vergeht."
Der Weise lächelte: „In jedem ‚Ja' wohnt ein Augenblick Ewigkeit. Du kannst es fühlen!"

WEISHEITSGESCHICHTE

Im Grunde ist es immer eins,
ob man sich über das Gegenwärtige
oder Vergangene zu freuen hat;
wenn man sich denn nur freut.

GOTTHOLD EPHRAIM LESSING

Gestalte
dir das Leben angenehm,
indem du alle Sorgen darum aufgibst.

LUCIUS ANNAEUS SENECA

Durchwandle
froh und heiter
dein Leben
Jahr für Jahr,
das Glück
sei dein Begleiter,
dein Himmel
ewig klar!

VOLKSGUT

In uns selbst
liegen die Sterne unseres Glücks.

HEINRICH HEINE

Gibt es eine bessere Form,
mit dem Leben fertigzuwerden,
als mit
Liebe und Humor?

CHARLES DICKENS

Trage immer
einen grünen Zweig im Herzen,
es wird sich ein Singvogel
darauf niederlassen.

AUS CHINA

Humor ist das Salz der Erde,
und wer gut durchgesalzen ist,
bleibt lange frisch.

KAREL ČAPEK

Der körperliche Zustand
hängt sehr viel von der Seele ab.
Man suche sich vor allem zu erheitern
und von allen Seiten zu beruhigen.

WILHELM VON HUMBOLDT

GLÜCKSREZEPT FÜR JEDES LEBENSJAHR

Man nehme 12 Monate, putze sie ganz sauber von Bitterkeit, Geiz, Pedanterie und Angst und zerlege jeden Monat in 30 oder 31 Teile, sodass der Vorrat für ein ganzes Jahr reicht. Nun wird jeder Tag einzeln angerichtet aus einem Teil Arbeit und zwei Teilen Frohsinn und Humor. Danach füge man drei gehäufte Esslöffel Optimismus hinzu, einen Teelöffel Toleranz, ein Körnchen Ironie und Takt. Jetzt wird noch alles reichlich und mit viel Liebe übergossen. Das fertige Gericht empfiehlt sich jetzt noch mit Sträußchen kleiner Aufmerksamkeiten zu schmücken und man serviere es dann täglich mit Heiterkeit und mit einer guten, erquickenden Tasse Tee.

CATHARINA ELISABETH GOETHE

Immer,
wenn ich mitten im Alltag innehalte
und gewahr werde, wie viel mir geschenkt ist,
werden die zahllosen Selbstverständlichkeiten
zu einer *Quelle des Glücks*.

GUSTAVE FLAUBERT

Wenn man glücklich ist,
hat man keine Zeit, müde zu werden;
glücklich zu sein beansprucht einfach
die ganze Aufmerksamkeit.

EDWARD FREDERIC BENSON

Glück ist die Freude am eigenen Leben.
Und zwar auf lange Sicht.
Je lieber jemand so lebt, wie er lebt,
desto glücklicher ist er.

VERFASSER:IN UNBEKANNT

Wir werden nicht älter mit den Jahren,
wir werden *neuer* jeden Tag.

EMILY DICKINSON

Das Glück ist nicht
in einem ewig lachenden Himmel zu suchen,
sondern in ganz feinen Kleinigkeiten,
aus denen wir unser Leben zurechtzimmern.

CARMEN SYLVA

MAN KANN
DAS LEBEN
NUR RÜCKWÄRTS
VERSTEHEN,
ABER MAN MUSS
ES VORWÄRTS
LEBEN.

SØREN KIERKEGAARD

Mach es wie die Sonnenuhr:
Zähl die heitren Stunden nur.

SPRICHWORT

Der Mensch muss lernen,
den Lichtstrahl aufzufangen und zu verfolgen,
der in seinem Inneren aufblitzt.

RALPH WALDO EMERSON

Versuche stets,
ein Stückchen Himmel
über deinem Leben freizuhalten.

MARCEL PROUST

Wer jeden Abend sagen kann:
„Ich habe gelebt“,
dem bringt jeder Morgen
einen neuen Gewinn.

LUCIUS ANNAEUS SENECA

Freue dich, trinke ein Glas,
betrachte die Gegenwart als dein Eigentum,
alles andere überlasse dem Schicksal.

EURIPIDES

Man kann einen seligen, seligsten Tag haben,
ohne etwas anderes dazu zu brauchen
als blauen Himmel und grüne Erde.

JEAN PAUL

Die Zeit verlängert sich für alle,
die sie zu nutzen verstehen.

LEONARDO DA VINCI

Hast du ein
zufriedenes Herz,
so ist's genug,
um fröhlich zu sein.

PLAUTUS

Ein langes Leben
ist vielleicht nicht alles,
aber ein gutes Leben ist lang genug.

BENJAMIN FRANKLIN

ZWEI PILLEN TÄGLICH

Ein Arzt besuchte seine Patienten im Altenheim. Ihm fiel ein 96-jähriger Mann auf, der stets zufrieden und freundlich war. Eines Tages sprach ihn der Arzt darauf an und fragte nach dem Geheimnis seiner Freude. Lachend antwortete der alte Herr: „Herr Doktor, ich nehme jeden Tag zwei Pillen ein, die helfen mir!"
Verwundert schaute ihn der Arzt an und fragte: „Die habe ich Ihnen doch gar nicht verordnet!"
Verschmitzt antwortete der Mann: „Das können Sie auch gar nicht, Herr Doktor. Am Morgen nehme ich gleich nach dem Aufstehen die Pille Zufriedenheit. Und am Abend, bevor ich einschlafe, nehme ich die Pille Dankbarkeit. Diese beiden Arzneien haben ihre Wirkung noch nie verfehlt."
„Das will ich Ihnen gerne glauben", meinte der Arzt. „Ihr gutes Rezept werde ich weiterempfehlen. Zufriedenheit und Dankbarkeit sind Gewalten, vor denen alle finsteren Mächte weichen."

NACH HERMANN BEZZEL

Der echte Name für Glück
ist Zufriedenheit.

HENRI-FRÉDÉRIC AMIEL

Ich wünsche dir,
dass es in deinem Leben
keine verschenkten Tage gibt,
aber viele, die du anderen schenkst.

IRISCHER SEGENSWUNSCH

Wenn es einen Glauben gibt,
der Berge versetzen kann,
so ist es der Glaube an die

eigene Kraft.

MARIE VON EBNER-ESCHENBACH

Ich mag die Träume von der Zukunft
lieber als die ganze Geschichte
der Vergangenheit.

THOMAS JEFFERSON

Was immer
du tun kannst
oder träumst,
es tun zu können,
fang damit an!
Mut hat Genie,
Kraft und Zauber
in sich.

JOHANN WOLFGANG VON GOETHE

KEIN LEBEN

IST SO SCHWER,

DASS DU ES NICHT

DURCH DIE ART,

WIE DU ES NIMMST,

LEICHTER

MACHEN KANNST.

ELLEN GLASGOW

Es ist unmöglich,
Ihnen mein Alter zu verraten,
da es sich ständig ändert.

ALPHONSE ALLAIS

Das Alter hat zwei große *Vorteile:*
Die Zähne tun nicht mehr weh
und man hört nicht mehr all das dumme Zeug,
das ringsum gesagt wird.

GEORGE BERNARD SHAW

Die heutige Jugend ist grässlich.
Sie hat nicht den geringsten Respekt
vor gefärbten Haaren.

OSCAR WILDE

GEBET DES ÄLTER WERDENDEN MENSCHEN

O Herr, du weißt besser als ich, dass ich von Tag zu Tag älter und eines Tages alt sein werde. Bewahre mich vor der Einbildung, bei jeder Gelegenheit und zu jedem Thema etwas sagen zu müssen.

Erlöse mich von der großen Leidenschaft, die Angelegenheiten anderer ordnen zu wollen.

Lehre mich, nachdenklich (aber nicht grüblerisch), hilfreich (aber nicht diktatorisch) zu sein.

Bei meiner ungeheuren Ansammlung von Weisheit erscheint es mir ja schade, sie nicht weiterzugeben – aber du verstehst, o Herr, dass ich mir ein paar Freunde erhalten will.

Bewahre mich vor der Aufzählung endloser Einzelheiten und verleihe mir Schwingen, zur Pointe zu gelangen.

Lehre mich schweigen über meine Krankheiten und Beschwerden. Sie nehmen zu, und die Lust,

sie zu beschreiben, wächst von Jahr zu Jahr.
Ich wage nicht, die Gabe zu erflehen, mir die Krankheitsschilderungen anderer mit Freude anzuhören, aber lehre mich, sie geduldig zu ertragen.
Lehre mich die wunderbare Weisheit, dass ich mich irren kann.
Erhalte mich so liebenswert wie möglich. Ich möchte kein Heiliger sein – mit ihnen lebt es sich so schwer –, aber ein alter Griesgram ist das Krönungswerk des Teufels.
Lehre mich, an anderen Menschen unerwartete Talente zu entdecken, und verleih mir, o Herr, die schöne Gabe, sie auch zu erwähnen.

TERESA VON ÁVILA

Um die ewige Jugend zu erlangen,
würde ich viel tun,
mit Ausnahme von Gymnastik
und frühem Aufstehen.

OSCAR WILDE

Das Geheimnis,
sein Leben zu verlängern,
besteht darin, es nicht zu verkürzen.

ERNST VON FEUCHTERSLEBEN

Ausruhen ist keine Faulheit,
und ab und zu an einem Sommertag
im Gras unter den Bäumen zu liegen
ist in keinem Fall eine Zeitverschwendung.

JOHN LUBBOCK

Oh,

es ist schön, morgens aufzustehen,
aber noch schöner ist es, im Bett zu bleiben!

HARRY LAUDER

Vergnügen ist das einzige,
wofür man leben sollte.
Nichts macht so alt wie Glück.

OSCAR WILDE

*Die Welt gehört dem,
der sie genießt.*

GIACOMO LEOPARDI

Das weitaus schönste Glück
ist das plötzliche.

SOPHOKLES

Will das Glück nach seinem Sinn
dir was Gutes schenken,
sage Dank und nimm es hin
ohne viel Bedenken.

Jede Gabe sei begrüßt,
doch vor allen Dingen:
Das, worum du dich bemühst,
möge dir gelingen.

WILHELM BUSCH

DIE GESCHICHTE DES CONTE

Es lebte einmal ein Graf, der wurde sehr, sehr alt, weil er ein Lebensgenießer par excellence war. Er verließ niemals das Haus, ohne eine Hand voll Bohnen einzustecken.
Er tat das, um die schönen Momente des Tages bewusst wahrzunehmen und sie besser zählen zu können. Für jede positive Kleinigkeit, die er tagsüber erlebte – zum Beispiel einen fröhlichen Plausch auf der Straße, das Lachen einer Frau, ein Glas guten Weines –, für alles, was die Sinne erfreut, ließ er eine Bohne von der rechten in die linke Jackentasche wandern.
Abends saß er zu Hause und zählte die Bohnen aus der linken Tasche, er zelebrierte diese Minuten förmlich. So führte er sich vor Augen, wie viel Schönes ihm an diesem Tag widerfahren war, und freute sich. Sogar wenn er bloß eine Bohne zählte, war der Tag gelungen – es hatte sich zu leben gelohnt.

WEISHEITSGESCHICHTE

Lasst uns die Freude erkennen,
die die Zeit bringt,
nicht ihre Jahre zählen.

DECIMUS MAGNUS AUSONIUS

Bewahre die reichen Lebenstage
in deinem Herzen in Dankbarkeit.
Damit die Gabe der Liebe
von Jahr zu Jahr wachsen kann
und du alle, die dich umgeben,
mit Freude erfüllst.

IRISCHER SEGENSWUNSCH

Jung bleiben heißt,
seine Erinnerungen nicht mit sich
altern lassen.

PETER SIRIUS

Man muss über die
Freuden des Lebens
nicht viel reflektieren.
Man genießt sie besser,
ohne sie zu zählen oder zu zergliedern.

JEAN PAUL

Achte den Augenblick und genieße ihn,
er ist das Beste, was wir haben,
und das Einzige, was vergeht.

WEISHEIT DER AUSTRALISCHEN UREINWOHNER

DAS BESTE

IM MENSCHEN

SIND SEINE

JUNGEN GEFÜHLE

UND SEINE

ALTEN GEDANKEN.

JOSEPH JOUBERT

Was man in der Jugend wünscht,
hat man im Alter in Fülle.

JOHANN WOLFGANG VON GOETHE

Auch wenn uns unsere Jugend
Liebe und Blumen gab,
das Alter lässt uns
Freunde und Wein haben.

THOMAS MOORE

Der junge Mann kennt die Regeln,
aber der erfahrene Mann
kennt die Ausnahmen.

OLIVER WENDELL HOLMES

Gestern war *mein Tag*,
heute ist mein Tag
und morgen wird auch mein Tag sein.

SPRICHWORT

Unser ganzes Leben
ist ein nie wiederkehrender Geburtstag,
den wir darum
umso freudiger begehen sollten.

JEAN PAUL

Ich habe *gute Zeiten* gehabt
und beabsichtige,
noch viel bessere zu haben.

PRENTICE MULFORD